# Tom-Tom
## et ses idées explosives

Scénario de Jaqueline Cohen. Dessins : Bernadette Després.
Couleurs : Catherine Viansson-Ponté

Marie-Lou
Dubouchon

Yvonne
Dubouchon

Nana
Dubouchon

Tom-Tom
Dubouchon

Dix-neuvième édition, avril 2008
© Bayard Éditions Jeunesse, 2001
© Bayard Éditions / J'aime Lire, 1990
© Bayard Presse / J'aime Lire, 1985
ISBN : 978-2-7470-1380-2
Dépôt légal : janvier 2004
Droits de reproduction réservés pour tous pays
Toute reproduction, même partielle, interdite
Imprimé en Pologne
Les aventures de Tom-Tom et Nana sont publiées
chaque mois dans J'aime Lire,
le journal pour aimer lire.
J'aime Lire, 3 rue Bayard, 75008 Paris

Madame
Poipoi

Monsieur
Henri

Gino
Marto

Rémi
Lepoivre

Adrien
Dubouchon

Méla
Lan

# Un joyeux dimanche.

8

11

12

13

Scénario de J. Cohen et Rodolphe

# La poudre du bonheur.

17

18

22

Scénario de J. Cohen et Rodolphe

# Une recette à faire peur.

26

27

28

Scénario de J. Haddad

# Tom-Tom sourcier.

# Tom-Tom et ses idées explosives

38

Scénario de J. Cohen et T. Schillag

# Tout ça pour un pull-over.

46

48

50

51

Scénario de J. Cohen

# Le vaisseau SX 33.

73-2

56

58

59

60

# Tom-Tom et ses idées explosives

62

Tom-Tom et ses idées explosives

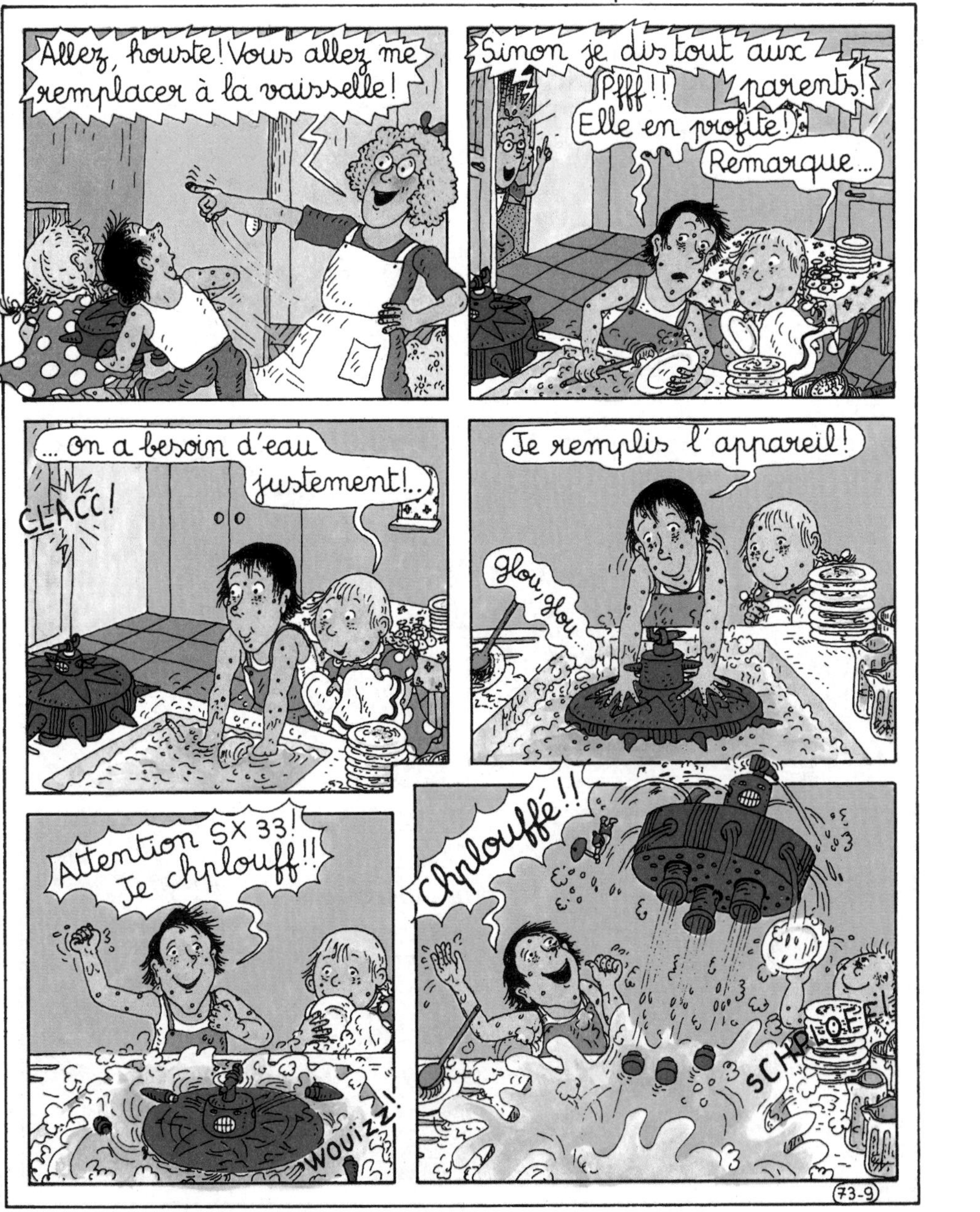

Scénario de J. Cohen et H. Bichonnier

# La boîte de chimie.

Scénario de J. Cohen et Rodolphe

# Le trou à billes.

# Tom-Tom et ses idées explosives

78

Scénario de J. Cohen et H. Bichonnier

# La boîte de chimie revient.

# Tom-Tom et ses idées explosives

90

Ma parole, ce "Disparitirium", ce n'est pas de la blague!

N'y allez pas! Vous allez disparaître! vous aussi!

Tom-Tom, viens ici!

Où es-tu, Nana?

Ouvrez les fenêtres bon sang!

Faites un courant d'air!

Ouf!!

71-8

92

Scénario de J. Cohen et Rodolphe